Frank Schroeder

König für einen Tag

Biografische Annäherungen
an den Komponisten
Wolfgang Streiber

Tagebuchauszüge

Werkeverzeichnis

LundiPress

Schroeder, Frank: König für einen Tag

1. Auflage 2003
LundiPress Verlag Eichstätt
ISBN 3-9801648-7-x

Satz und Layout: Schroeder, Frank
Umschlaggestaltung: Schroeder, Frank, unter
Verwendung eines Fotos in Privatbesitz
(Helga Zimmer, Hannover)
Druck: Elbe Druckerei Wittenberg

Bestellung und Auslieferung:
Komplettservice für Druckerzeugnisse
Rübländerstraße 12
13125 Berlin
Fax: 030 - 926 82 36
e-Mail: Druckservice.Schroeder@t-online.de

Die Lichter! Die Lichter! Wie seltsam das ist!

Wo sollen wir landen, wo treiben wir hin?
Warum jauchzen wir manchmal ins Ungewisse?
Wir Kleinen, im Ungeheuren verlassen?
Als wenn wir wüssten, wohin es geht.
So hast du gejauchzt! Und was hast du gewusst?
Von irdischen Festen ist es nichts!
Der Himmel der Pfaffen ist es nicht!
Das ist es nicht und jen's ist es nicht,
aber was wird es wohl sein am Ende?

(Gerhart Hauptmann: Michael Kramer)

Ich habe viele Noten zusammengeschrieben. Augenblicklich habe ich genug davon.

Spürt Wolfgang Streiber, als er diese Notiz in sein Tagebuch schreibt, dass dieses seine letzte Aufzeichnung sein wird? Gewinnen Depressionen entgültig die Oberhand? Wenige Monate später, gerade erst ist er vierundzwanzig Jahre alt geworden, wird man ihn in Hannover beerdigen, an einem kalten, zugigen Januartag. Sein Grab ist längst eingeebnet, unauffindbar auf ewig; was von ihm bleibt: Eine Handvoll Kompositionen, wenige Fotos, Tagebücher, Erinnerungen. Schatten nur, die durch unsere Gedanken schweben, bis auch jene vergangen sind.

Und der Ruhm? Und das Werk? Flüchtiger noch als Schatten; am Ende nicht mehr als am Beginn: Vergänglichkeit.

Die Welt, in die Wolfgang Streiber hineingeboren wird, ist ihm nicht wohlgesonnen, von allem Anbeginn nicht. Die Mutter, Luise, berichtet ihrem Ehemann Alfred schon am Tag der Geburt, dass sie ein merkwürdiges Gefühl habe. Das Kind sei so *seltsam*. Kurz darauf ist es Gewissheit: Wolfgangs Überleben ist nicht sicher. Und wenn er die ersten Tage, Wochen, übersteht, wenn er wider Erwarten wachsen sollte, wird er sich doch nie ohne Rollstuhl bewegen können, wird er ein Leben lang ein intensiver Pflegefall bleiben. Einen Moment, aber nur einen Moment, zögert sie, ob sie sich wenigstens das wünschen soll.

Der Säugling spricht kaum auf äußere Reize an, er ist offensichtlich gelähmt. Eine bange Frage dominiert die ersten Lebensjahre: Sind es nur körperliche Behinderungen, die ihm zu schaffen machen, oder ist er auch geistig gestört? Handelt es sich gar um eine Erbkrankheit?

Selbst Professoren an den Universitäten, im Gleichschritt mit den neuen Machthabern um Adolf Hitler, predigen seit einigen Monaten ihre neue Sicht auf das Leben. Da ist die Rede vom Naturgesetz von Auslese und Ausmerze, von Rassengesetzen und Erbgesundheitspflege. Im letzten Sommer erst ist ein Gesetz zur Verhütung erbkranken Nachwuchses in Kraft getreten, das für Betroffene die *Unfruchtbarmachung* anordnet, besonders bei angeborenem Schwachsinn, bei Schizophrenie, manisch-depressivem Irresein. Noch kann niemand wissen, dass für Wolfgang Streiber diese Krankheitsbilder nicht zutreffen. Noch nimmt auch kaum jemand das Gerede von der Euthanasie, von der Vernichtung lebensunwerten Lebens ernst. Erst Jahre später, als Menschenvernichtung längst bittere Realität geworden ist, begreifen Wolfgang Streibers Eltern den Ernst der Lage, sehen sie die Gefahr, in der ihr Kind schwebt, klarer. Sehr wahrscheinlich haben sie ihm mit ihrer Entscheidung, ihn nicht öffentlich zu präsentieren, ihn zu Hause unter Ausschluss der Gesellschaft zu pflegen, das Überleben gerettet. Regelrecht versteckt haben sie ihren Sohn nicht, aber sie haben doch versucht, mit ihm unauffällig, im Verborgenen zu leben.

Sich um das Kind zu kümmern ist vorwiegend Aufgabe der Mutter. Täglich wäscht sie ihren Sohn, der Vater trägt ihn auf den Topf, dann zieht die Mutter ihn an. Die wachen Tagesstunden sitzt Wolfgang im Rollstuhl. Nur eines hat er im Überfluss: Zeit. Zeit zum Denken, Zeit zum Lernen. Und er lernt schnell.

Für einige Stunden in der Woche kommen Hauslehrer in die kleine Wohnung in Hannover, ihr Pensum ist für Wolfgang kein Problem. Sorge bereitet höchstens der Hintersinn der Mathematikaufgaben, die die Lehrer verpflichtet sind, auch mit Wolfgang Streiber durchzugehen. *Der jährliche Aufwand des Staates für einen Krüppel beträgt 600 Reichsmark. In geschlossenen Anstalten werden derzeit 20.600 Krüppel versorgt. Wie viel Millionen Reichsmark kosten die Krüppel jährlich? Wie viele erbgesunde Familien könnten bei 60 Reichsmark durch-*

schnittlicher Wohnungsmiete für diese Summe untergebracht werden?

Über diese Rechnungen kann sich der Vater, Alfred Streiber, nicht mehr erregen. Als Kontrabassist des Opernhauses Hannover erhält er zwar vorerst eine Schonfrist, dann aber braucht der Weltkrieg jeden Mann. Auf den Schlachtfeldern Europas hält er nicht lange durch: Er desertiert gemeinsam mit einem Freund in Ostpreußen. Mit zerschundenen, offenen Beinen liegt er versteckt, bis die Russen kommen. Nach einer kurzen Gefangenschaft in der Kurischen Nehrung schlägt er sich bis zur Elbe durch, erwischt eine der letzten Fähren und gerät in britische Kriegsgefangenschaft. Seine Familie, die inzwischen um die gesunde Tochter Helga angewachsen ist, hofft er in seinem Geburtsort Wiehe an der Unstrut, bei seinen Eltern, in Sicherheit.

Dorthin, in das romantische Flusstal, an die Abhänge der Finne, einem Ausläufer der Hohen Schrecke, ist die Mutter mit ihren zwei Kindern geflüchtet; in Hannover mehren sich die Bombenangriffe der Alliierten, niemand ist in der Großstadt noch sicher. In Wiehe hingegen herrscht Ruhe. Ist es die Ruhe vor dem Sturm?

Bei Krämers, in einem altersschwachen Backsteinhaus, in unmittelbarer Nähe zu Wolfgangs Großeltern, verbringen sie das letzte

Kriegsjahr. Hier sind die Streibers willkommen - der Großvater baute in Wiehe einst das Harmonium für die Friedhofskapelle, es hat, so hört Wolfgang, einen außerordentlich schönen Klang, und auch der Enkel des Instrumentenbauers Streiber fühlt sich hier augenblicklich wohl. Endlich keine Privatlehrer mehr, nur noch der Blick über die Unstrut und die weiten Felder hinweg nach Roßleben, zur Klosterschule am gegenüber liegenden Flusshang, einer Eliteschule seit Jahrhunderten.

Statt geordneter Verhältnisse das Chaos, das das Ende des *Dritten Reiches* mit sich bringt. Eine Horde wilder Kinder, die einen Dialekt sprechen, den Wolfgang kaum versteht. Mit seinem Rollstuhl ist er die Attraktion der Kleinstadtgören. Er ist der unumstrittene Rudelführer, wie er sich selbst nennt, einer, der sich treiben lässt und droht, vollends zu verlottern, während die Mutter immer wieder schwarz schlachtet und so versucht, die Familie zu ernähren.

Dann kommen die Engländer nach Wiehe. Sie ziehen schnell wieder ab, und nach einem Tag im Niemandsland marschieren die Russen ein. Da ist Wolfgang elf Jahre alt und kann die Panik nicht verstehen. Warum verbarrikadieren sich alle? Man munkelt, die Russen wollten länger bleiben. Und wirklich: 45 Jahre lang gehört der hügelige Wald der Hohen Schrecke ihnen, ist Sperrgebiet, unbetretbar für Leute aus Wiehe und den umliegenden Dörfern. Die enge Straße, die sich durch ein Tal windet, wird zur Sackgasse, das wenig oberhalb der Hügel gelegene Dörfchen Garnbach erhält einen Schlagbaum, bis hierher und nicht weiter, das letzte Haus vor dem Ende der Welt wird das Garnbacher Gasthaus sein.

Dann die Sensation: Vater kommt aus der Kriegsgefangenschaft zurück. Er ist froh, alle am Leben zu finden, und zugleich entsetzt über die äußeren Umstände. Den Russen ist einer, der von den Engländern laufen gelassen wird, suspekt; es kann nur ein Ziel geben: So schnell wie möglich weg, nach Hause, nach Hannover. Für Wolfgang ist der Todernst der Lage ein lustiges Spiel: Vater verkleidet sich als Bauer. Und was will er mit diesen Unmengen von Schnaps? Die Russen, das hat die Erfahrung schon weniger Tage gezeigt, sind unbestechlich. Es sei denn, es fehlt wie stets an Nachschub und der Wodka ist aus. So greift eine feste Regel der Nachkriegsära in der Ostzone: Hochprozentiger Alkohol ist der Schlüssel zum Verschließen von wachhabenden Russenaugen - Tage später erreicht die Familie mit wenig mehr als dem nackten Leben die zerbombte Heimat.

Noch ein Wunder: Ihr Haus in der Raabestraße Nummer drei steht noch. Aber ihre alte Wohnung ist lange schon belegt mit Fremden, die auf der Flucht sind oder auf der Suche nach einem Dach über dem Kopf. Es dauert einige Tage, bis die örtlichen Behörden sich überzeugen lassen: Ein Musiker des Opernhauses, der zugleich Kontrabass unterrichtet, und dazu ein behindertes Kind im Rollstuhl, denen muss man die Wohnung zurückgeben.

So beginnt sich das Leben wieder zu normalisieren, und für Wolfgang Streiber fängt die entscheidende Zeit seines Lebens an. Es soll eine gute Zeit werden, eine lange, gute Zeit, auch wenn er nur den Kopf und die Finger etwas bewegen kann. Was niemand ahnt: Wolfgang Streiber bleiben nur noch 13 Jahre voller Qual und: Musik.

Erste künstlerische Versuche datieren auf die Monate unmittelbar nach dem Krieg. Die Eltern sind froh: Wenigstens beschäftigt er sich! Zunächst mit dem Zeichnen, auch wenn die steifen Arme und die nahezu unbeweglichen Finger größte Mühen verursachen. Überliefert sind röhrende Hirsche vor landschaftlich angemessener Kulisse. Der Enthusiasmus für das Malen bricht so unvermittelt wie er hervorgebrochen ist wieder ab und macht dem Schreiben Platz. Mit Kriminalgeschichten erheitert er seine Schwester und seine Eltern.

Der Vater sorgt sich: Wenn Wolfgang schon nur die Finger bewegen kann, dann muss er sie auch trainieren. Wie soll man den Jungen dazu bringen, die Finger, wenigstens sie, zu bewegen? Schließlich holt Alfred Streiber die Flöte hervor, die er seinem gelähmten Kind noch vor dem Krieg geschenkt hatte. Wolfgang spielt nach und nach immer besser und abends, wenn der Vater aus dem Opernhaus kommt, reden sie über die Opern, die er gerade gespielt hat.

Seit einiger Zeit hat der Vater damit begonnen, Wolfgang in die Welt der Noten einzuführen; er staunt: Ein Kind, und es begreift so schnell! Aber der Sohn nervt seinen Vater - allein Flöte blasen, das ist langweilig. Er will unbedingt mit dem Kontrabass im Duett spielen. Die Einwände des Vaters zählen nicht: Es gibt keine Stücke für Flöte und Kontrabass, da liegen doch viele Oktaven dazwischen! Elefant und Mücke im Duett, das wird nichts. Doch, sagt Wolfgang, ich höre doch, wenn du übst. Du kannst auch höher spielen, wenn du nur willst.

Der Vater nimmt Wolfgangs Ankündigung, ein Duett für Flöte und Kontrabass zu schreiben, vorerst nicht ernst. Soll er doch, denkt er, Hauptsache er beschäftigt sich und bewegt dabei die Finger.

Zwei Tage später ist das Duett fertig. Als Alfred Streiber von der Aufführung des Opernhauses kommt, setzen sie sich gemeinsam hin und spielen das Opus 1. Tun wir ihm den Gefallen, denkt er, ohne jeglichen Musikunterricht, was wird das werden! Der Vater erleidet einen Schock: Das Duett enthält keinerlei Dissonanzen, zwei separate Stimmführungen verbinden sich zu einer erstaunlichen Harmonie.

Das folgende Gespräch zwischen Vater und Sohn ist überliefert: *Sag mal, Wolfgang, hörst du das denn, wenn du so etwas schreibst? - Ja sicher. Hörst du das denn nicht, wenn du es spielst? - Ja wenn ich es spiele, dann habe ich ja die Noten vor mir, aber du erfindest das doch? - Das hört man. Ja, das hört man.*

Das hört man - aber, so fragt sich der Vater, erkennt das Kind auch die Töne, wenn ich sie am Klavier anschlage? Für Wolfgang ist das keine Frage. Dem Vater zuliebe spielt er das Spiel mit. Der gibt ihm ein A. Das ist das A, sagt er. Dann spielt er ein Cis. Cis, sagt Wolfgang. Dann ein G. G! Ais. Ais, sagt Wolfgang, schon gelangweilt. D. D! Wie lange noch! Cis und Dis gemeinsam. Cis und Dis ruft Wolfgang, und nun spiel ruhig noch das B dazu, das hört man doch alles! Von diesem Moment an weiß der Vater: Wolfgang hat das *absolute Gehör.*

In der Konsequenz erhält er Kompositionsunterricht durch Dozenten der Akademie für Musik und Theater, späteren Professoren an der Musikhochschule Hannover. Zunächst ist es Alfred Koerppen, der sein Glück versucht.

Aber Wolfgang Streiber hat andere Vorstellungen von seiner Musik, er passt nicht in die typische Lehrer-Schüler-Einteilung. Sie streiten häufig. Nach achtzehn Monaten gibt Koerppen auf. Für ihn kommt Fritz von Bloh, ein Schüler Paul Hindemiths.

Parallel zum Unterricht komponiert Wolfgang weitere kleinere Stücke, darunter ein Streichquartett, das den eigentlichen Beginn einer viel versprechenden Komponistenkarriere markiert. Damit gewinnt er seinen ersten Preis.

Die Hannoversche Presse hatte ein Preisausschreiben initiiert, mit dem Kinder aufgerufen wurden, Bilder einzusenden. *Mein schönstes Ferienerlebnis* hieß der Wettbewerb. Wolfgang schrieb, dass er auch in den Ferien kaum herauskomme aus dem Haus, und dass sein schönstes Ferienerlebnis das beiliegende Streichquartett sei. Der Musikkritiker der Zeitung, Erich Limmert, ist derart begeistert, dass er das Quartett für den ersten Preis nominiert. Wolfgang bekommt ihn auch zugesprochen, die Komposition wird mehrfach durch Musiker des Opernhauses Hannover aufgeführt, häufig zu Ausstellungen in allen größeren Städten der Region, in denen die weiteren Ergebnisse des Malwettbewerbs gezeigt werden.

Vom 13. Geburtstag Wolfgang Streibers stammt die erste überlieferte Tagebucheintragung - niedergeschrieben in der Euphorie des besonderen Tages. Opernhausmusiker, Kollegen des Vaters, kommen in die Raabestraße, um eine ganze Reihe von Kompositionen Wolfgangs zu spielen. Die Mutter bewirtet alle mit selbst gebackenem Kuchen, alle spielen tadellos, und doch ist es dem Kind so einfach nicht perfekt zu machen. Insgeheim tadelt er, auch wenn Freude und Stolz deutlich überwiegen. *Die Klaviersonate wurde von dem Kapellmeister vom Opernhaus gespielt. Er spielte sehr schön, bis auf den letzten Satz, den er etwas zu schnell spielte. Nach der Pause: Die Triosonate für Flöte, Violine und Cello. Der zweite Satz wurde mir etwas zu langsam gespielt!*

Noch bewegen sich die Kompositionen Wolfgang Streibers in den Klangwelten seiner barocken Vorbilder, insbesondere Bachs. Doch durch Fritz von Bloh erschließt er sich schnell den musikalischen Kosmos von Paul Hindemith und Bela Bartók. Zu hören ist das in Ansätzen schon ein Jahr später, bei einem weiteren Hauskonzert, zu dem auch ein Musikkritiker anwesend ist, der tags darauf in der Presse eine euphorische Kritik publiziert. Wolfgang Streiber liest von *hervorragender Begabung* und *ungewöhnlichem Talent.* Zu den ersten öffentlichen Aufführungen diverser Kompositionen in Hannover, Braunschweig, Göttingen und anderen Städten, zu denen der Komponist mit einem Auto der Hannoverschen Presse gefahren wird, kommt bald auch der Hörfunk des NWDR. Anfang des Jahres 1949 erklingt erstmals ein Werk Streibers im Radio: Das *erste Streichquartett*, gespielt vom Hamburger Radelow-Quartett.

Ist das der erste Ruhm? Könnte hier das große Glück beginnen?

Schon seitdem ich den ersten Preis des Preisausschreibens erhielt, stehe ich mit Rosemarie Rein, einem 16-jährigen Mädchen, in laufendem Briefwechsel.

Als Wolfgang Streiber seinem Tagebuch diesen Satz anvertraut, ist er 15 Jahre alt und er ahnt: Das ist die Liebe seines Lebens. Noch macht er sich alle Hoffnungen eines frisch Verliebten, noch denkt er mit keiner Silbe daran, dass seine enorme körperliche Behinderung jedem Glück im Wege stehen könnte.

Lieber Wolfgang, im Klavierspielen bin ich noch nicht sehr weit. In meiner Heimat (ich stamme nämlich aus Kulm an der Weichsel), hatte ich schon ein viertel Jahr Klavierstunde, durch die Flucht ist alles unterbrochen worden. Üben darf ich bei netten Nachbarsleuten.

Auch ich habe einen Wahlspruch: Das sind die Starken im Land, die unter Tränen lachen, ihr eigenes Leid verbergen und andere fröhlich machen.

Ich bekam diesen Spruch von einem kranken Soldaten geschenkt, als ich einmal im Krankenhaus gesungen habe („Das Veilchen" von Mozart).

Hast du ein Lieblingslied? Meines heißt: Kein Hälmlein wächst auf Erden, der Himmel hat's betaut, und kann kein Blümlein werden, die Sonne hat's erschaut. Wenn dir auch gleich mal grauet in Waldesnacht allein, einst wird von Gott dir kommen dein Tau und Sonnenschein. Dann sprosst, was dir indessen als Keim im Herzen lag, so ist kein Ding vergessen, ihm kommt ein Blütentag. Deine Rosemarie.

Wo aber ist, denkt sich Wolfgang Streiber, mein Tau? Wo ist mein Sonnenschein? Wo liegt die Rettung inmitten des Grauens in dunkler Waldesnacht? Bei Dr. Bruno Gröning?

Er firmiert als *Wunder*doktor, der mit seiner großen, *wunder*baren Kraft die unheilbaren Krankheiten heilen kann. Auf ihn setzen Wolfgang und seine Eltern alle Hoffnung. Sicher wird er schaffen, was keiner zuvor geschafft hat: Wolfgang vom Rollstuhl befreien, ihm die Fähigkeit geben, laufen zu können. Ein göttlicher Heilstrom geht von ihm aus. Hat er nicht gerade ein an Muskelschwund leidendes Kind geheilt? Haben nicht alle Zeitungen davon geschrieben?

Gestern kam Victoria blutüberströmt ins Wohnzimmer. Da ich als Mutter gelernt habe, keine Angst aufzunehmen, blieb ich ganz ruhig und nahm Victoria mit ins Badezimmer, um zu sehen, woher das Blut kam. Sie hatte Nasenbluten, weil ihr der Stuhl auf die Nase gefallen war. Eine meiner Töchter holte gleich das große Brunobild. Ich legte es Victoria, die noch blutete, auf die Nase und nach einigen Sekunden war die Blutung gestoppt.

Victoria hatte sich den Finger eingeklemmt. Er wurde richtig dunkelblau. Wir haben ihr ein Brunobild um den Finger gewickelt und nach einer halben Stunde war nicht einmal mehr eine Rötung zu sehen.

Sicher, Dr. Bruno Gröning hat keinen Schulabschluss, brachte es nur bis zur fünften Klasse, aber was will das sagen, in diesen unruhigen Zeiten? Und seit wann braucht man für göttliche Heilströme den Abschluss eines humanistischen Gymnasiums?

Das vom Muskelschwund angeblich geheilte Kind starb sechs Jahre später an dieser Krankheit, aber das kann Wolfgang Streiber noch nicht wissen.

Ein halbes Jahrhundert später wird man noch immer um diesen Mystiker streiten: Die einen sprechen vom Scharlatan schlechthin, von einer sektenähnlichen Vereinigung, die anderen bewundern ihn weiter als *Wunder*heiler: Fünfhundert Freundeskreise weltweit glauben an ihn, an seine Kräfte, auch wenn er lange tot ist, gestorben an Magenkrebs in Paris im Jahre 1959. Aber seine göttlichen Heilströme sind angeblich nicht an seinen materiellen Körper gebunden, sie strömen aus seinem Grab in Dillenburg, heute eine Wallfahrtsstätte.

Wolfgang Streiber tut sein Bestes. Offene Handflächen, nach oben gerichtet, zum bestmöglichen Empfang der *wunder*samen Ströme. Bittgebete an Bruno Gröning. Bittgebete an Gott. Der Versuch, die Liebe Gottes auf das Gesundwerden zu konzentrieren.

Wolfgang steht offensichtlich nicht in der göttlichen Ordnung. Die *wunder*same Heilung schlägt fehl.

Neue Briefe von Rosemarie erreichen das streibersche Haus. Zum Geburtstag sogar per Fleurop ein Alpenveilchen. Der Briefwechsel wird intensiviert, von beiden Seiten, Rosemaries Briefbögen sind in aller Regel liebevoll mit Scherenschnitten oder kleinen Zeichnungen verziert. Sie sind komplett in Wolfgangs Nachlass enthalten, seine Antwortbriefe hingegen gelten als verschollen.

Während des mehrjährigen Briefwechsels kristallisiert sich immer mehr heraus, dass Rosemarie den Kontakt als freundschaftliche Plauderei über Gott und die Musik auffasst; Wolfgang hingegen verliebt sich Hals über Kopf, ein Gefühl, das später immer mehr der

Verbitterung über sein körperliches und seelisches Leiden weichen wird.

Inzwischen sind die 50er Jahre angebrochen. Wolfgang komponiert ein Stück nach dem anderen, darunter ein *Cello-Konzert* und eine *Sinfonie für Orchester*, deren Klavierauszug ihm Opernhauskapellmeister Gottfried Weisse auf dem heimischen Klavier vorzuspielen versucht. Er muss kapitulieren. Einige Wochen später kommt er erneut und hat offensichtlich geübt. Wolfgang lobt in seinem Tagebuch den besseren musikalischen Überblick, den man nun beiderseitig habe. Die Episode zeigt, dass die kompositorischen Ansprüche und das Können des Jugendlichen bei weitem nicht mehr seinem jungen Alter entsprechen. Sie antizipieren eine außergewöhnliche Musikalität und eine durchaus eigene, auch eigenwillige Tonsprache.

Im Frühling 1950 wird er konfirmiert. In der dazugehörenden Prüfung muss er zwei Fragen beantworten, was ihm keinerlei Probleme bereitet. Umgekehrt sorgt er allerdings für intensives Nachdenken. Er bestellt sich den Pfarrer ins Haus. Der faselt hilfloses Zeug. Was soll er außer Allgemeinplätzen auch antworten auf Fragen wie: Warum bin ich so? Warum hat Gott mich so gestraft? Wofür? Gibt es ein göttliches Wunder? Warum funktioniert nahezu nichts an diesem Körper? Außer dem Kopf, den Fingern etwas, und diesem blöden Ding zwischen den Beinen? Jeden Tag, wenn die Mutter früh am Morgen seine Bettdecke hebt, legt sie sie wieder zurück: Wolfgang, sagt sie, du musst dich erst einmal beruhigen.

Später, nach dem Frühstück und erster Arbeit an den Noten, wird der große Radiokasten mit seinen weißen Tasten laut gedreht. So laut, wie es nur geht, die Nachbarn, die nicht arbeiten, sondern zu Hause sind, werden doch wohl auch Musik mögen. Bach zum Beispiel. Die *Große Messe h-Moll*, deren gewaltige Chöre, gleich zu Beginn das *Kyrie,* für Verzückung sorgen. Ebenso die wie Gebete klingenden Arien; wenn sie wieder vom vollen Werk abgelöst werden, läuft es ihm eiskalt über den Rücken. Johann Sebastian Bach nimmt er sich zum Vorbild, dessen unermessliche Polyphonie er als musikalischen Gipfel, als einmalige Größe begreift. Über die Brandenburgischen Konzerte philosophiert er: *Hört diese Musik nicht nur mit den Ohren, auch mit der Seele und dem Herzen!*

Wieder einmal will Wolfgang Streiber sich an einem Musikwettbewerb beteiligen. *Neue Unterhaltungsmusik* wird gesucht. Zur Wahl stehen Ouvertüren, Walzer oder Suiten. Er entscheidet sich für eine Suite, die er sofort nach Fertigstellung seines ersten Cello-Konzertes komponieren will. Willi Maul, der Solocellist des Hannoveraner Opernhauses, will den Solopart spielen. Vorerst aber erscheint der Kapellmeister des Orchesters und spielt den Klavierauszug. Er spielt vor Begeisterung Stunde um Stunde und will nicht wieder gehen. Und das jetzt, wo noch so viel vorbereitet werden muss.

Die Großeltern kommen für einige Wochen aus der Ostzone, fünf Jahre hat Wolfgang sie nicht gesehen, seit der überhasteten Abreise aus Wiehe bei Nacht und Nebel.

Das Cellokonzert wird in einer häuslichen Aufführung gespielt, noch als die Großeltern in der Raabestraße logieren. Voll Stolz vertraut Wolfgang seinem Tagebuch an, dass ein Gast das Stück als „schwarzen Diamanten" bezeichnet hat, als ein äußerst schweres Stück nicht nur für die Musiker, sondern auch für die Zuhörer. Dem Großvater laufen dicke Tränen der Rührung über die Wangen.

Doch Wolfgang schwebt mit seinen Gedanken in anderen Gefilden, er ist bei Rosemarie. Gerade hat er ihr seine Neuvertonung *Kein Hälmlein* geschickt, kaum ist es mit der Post unterwegs, vollendet er die Vertonung eines weiteren Liedes, dieses wie jenes nicht ohne Hintersinn: *An die Entfernte*, nach einem Text von Nikolaus Lenau.

Diese Rose pflück ich hier,
In der fremden Ferne;
Liebes Mädchen, dir, ach dir
Brächt ich sie so gerne!

Doch bis ich zu dir mag ziehn
Viele weite Meilen,
Ist die Rose längst dahin,
Denn die Rosen eilen.

Nie soll weiter sich ins Land
Lieb von Liebe wagen,
Als sich blühend in der Hand
Lässt die Rose tragen;

Oder als die Nachtigall
Halme bringt zum Neste,
Oder als ihr süßer Schall
Wandert mit dem Weste.

Rosen fliehen nicht allein
Und die Lenzgesänge,
Auch dein Wangenrosenschein,
Deine süßen Klänge.

O, dass ich, ein Tor, ein Tor,
Meinen Himmel räumte!
Dass ich einen Blick verlor,
Einen Hauch versäumte!

Rosen wecken Sehnsucht hier,
Dort die Nachtigallen,
Mädchen, und ich möchte dir
In die Arme fallen!

Hätte Wolfgang Streiber in diesem Gedicht doch nur richtig gelesen. Oder hat er es und drückt so seine dunklen Ahnungen aus? Alles steht geschrieben: Ich, ein Tor, ein Tor!

Der *Entfernten* folgen weitere Vertonungen, darunter das *Schilflied* und das *Abendbild,* beide von Lenau, aber auch Eichendorffs *Loreley,* Liliencrons *Sommernacht* und Dehmels *Stiller Gang* sind unter den ausgewählten Liedern. Gerade letzteres liest sich wie eine unbewusste Vorschau auf die Zukunft:

Der Abend graut; Herbstfeuer brennen.
Über den Stoppeln geht der Rauch entzwei.
Kaum ist mein Weg noch zu erkennen.
Bald kommt die Nacht; ich muss mich trennen.
Ein Käfer surrt an meinem Ohr vorbei.
Vorbei.

Für technische Neuerungen jener Zeit fehlt zunächst noch das Geld. Zwar zeichnet der Sender Hannover Streibers Cello-Sonate auf, sendet sie aber auf der gerade vergebenen UKW-Frequenz. Noch sind die Radioapparate nicht mit UKW-Empfangsmöglichkeiten ausgerüstet, zwischenzeitlich müssen sich die Interessenten ein teures Zusatzgerät kaufen. Dieser Ausgabe verweigert sich anfänglich die Masse der potentiellen Hörer. So wird die Cello-Sonate zwar gesendet, aber sie wird dennoch kaum gehört.

Auch ein Auto kann sich die Familie Streiber erst Jahre später leisten. So sind die Streibers froh, dass ein Musikerkollege des Vaters seine Fahrdienste anbietet. Wolfgang soll nach Steinhude transportiert werden, wo ein Masseur wohnt, der schon vielen Gelähmten geholfen haben soll. Wieder munkelt man von *wunder*samen Kräften. Und wieder vergebens. Der Masseur beteuert, keine Wunder vollbringen zu können und erweist sich als ein weiteres Mosaiksteinchen in der langen Reihe der streiberschen Desillusionierung.

Dem trägt auch der Briefwechsel mit Rosemarie bei. Die Briefe, die sie schickt, beschreiben ihren Alltag. Sie sind in einem freundlichen, aber nicht in einem verliebten Ton gehalten. Im Nachhinein erscheint es abersinnig, dass Wolfgang Streiber in diese Briefe und wenigen Begegnungen mehr hineininterpretieren will, als wirklich ist. Erklärbar erscheint das erst vor dem Hintergrund relativer Isolation in Bezug auf den Umgang mit anderen Menschen generell, mit dem anderen Geschlecht insbesondere. Ist es also ein Wunder, dass seine Empfindungen enttäuscht werden müssen?

Im Nebelmonat November besucht sie ihn ein weiteres Mal. Es fügt sich, dass im Hause Streiber gerade wieder ein kleines Konzert gegeben wird - die Cello-Sonate und ein Trio für Flöte, Geige und Bratsche. Das Trio wird wenige Tage später im Hörfunk aufgenommen. Wolfgang nimmt es stolz zur Kenntnis, ist mit seinen Gedanken aber hauptsächlich bei einem *Liederbüchlein für Rosemarie*, das er ihr zu Weihnachten schenken will.

Und immer wieder diese euphorische Missinterpretation: Rosemarie schreibt von einem neuen Klassenlehrer und von den Kirchtürmen, die sie von ihrem heimischen Fenster aus sieht. Und Wolfgang? Der hält den Brief selig in den Händen und notiert in seinem Tagebuch *Welche Wärme, welcher Frohsinn lag in deinem Brief. Freudige Wehmut erfüllt mich, wenn ich an sie denke, sie, die immer in mir lebt.* Schließlich offenbart er sich ihr gegenüber - und wird enttäuscht. Rosemarie zögert einige Wochen mit der Antwort und teilt dann mit, dass sie *sicher* nicht das fühle, was er für sie empfinde. Offensichtlich ist sie von seinen schriftlichen Liebesgeständnissen vollkommen überrascht und beteuert, dass ihre Vorstellungen keineswegs über einen Interessen- und Meinungsaustausch hinausgegangen seien. Niemals und zu keiner Zeit. Auch ein späterer Besuch bei Wolfgang, bei dem sich beide über all die offenen Fragen aussprechen wollen, ändert daran nichts. Allerdings: Rosemarie scheint in ihren Gefühlen zu schwanken, die Hände berühren sich, und Blicke sagen mehr als Worte. Sie ist sich ihrer Gefühle nicht sicher und macht Wolfgang offensichtlich Hoffnungen, dass ihre Beziehung mehr sein könnte als eine Freundschaft. Und doch hat diese Vertraulichkeit für sie keine Zukunft, eine Wahrheit, die sie zumindest erahnt, während sich Wolfgang noch jahrelang ungerechtfertigten Illusionen hingibt. Zu lange verkennt er die Realitäten, bis er an seiner irrealen, lebensfremden Wahrnehmung der Umwelt zerbricht.

Seinen Eltern und seiner Schwester offenbart er sich nicht. Sie erfahren vom wahren Ausmaß seiner trüben Gedanken erst nach seinem Tod aus den verschlossen gehaltenen Tagebüchern.

Kompositionslehrer Fritz von Bloh regt Wolfgang zu neuen Plänen an: Neben einer ganzen Reihe von kammermusikalischen Werken möge er sich doch an die musikalische Bearbeitung der Max-und-Moritz-Geschichten wagen. Nach einigen Wochen beendet er diese lautmalerische *Suite für Orchester*. Die siebensätzige sinfonische Dichtung wurde vom Komponisten als *Tanzsuite* bezeichnet; sie versucht im Stile von Richard Strauss' virtuoser Klangsprache in *Till Eulenspiegels lustige Streiche* die einzelnen Charaktere und Schelmereien mit den Mitteln einer ausgefeilten illustrativen Instrumentierung zu schildern. In dem Satz *Witwe Bolte und ihr Hühnerhof* etwa markieren hektische Viertel in den Streicher- und Bläsergruppen das Durcheinander der pickenden Hühner, während beim *Freudentanz des Bauern und Müllers,* einem polkaähnlichen Satz, ein fröhliches Landleben geschildert wird. Im großen Finale schließlich tauchen alle Figuren aus dem Werk noch einmal mit ihren spezifischen Leitmotiven auf, musikalisch ein Freudenfest feiernd, zu dem selbst die toten Max und Moritz noch einmal auftauchen. Eine tiefe Tuba ächzt und röhrt, Wolfgang denkt sich, das wäre ein Dorfhund, der die beiden Übeltäter doch lieber wieder vertreiben solle.

Mitten in die aufwändige Arbeit an der Max-und-Moritz-Suite hinein platzt Wolfgangs Vater mit einer Anfrage, die die Leitung des Senders Hannover übermitteln lässt: Könnte Wolfgang nicht eine *Festmusik* zur Eröffnung des neuen Funkhauses am Maschsee komponieren? Kurzfristig, in höchstens zwei Monaten? Wolfgang ist begeistert: Ein richtiger Kompositionsauftrag, der ihm 500 Mark einbringen soll. Noch ehe das Geld eintrifft, lässt er sich das neueste Radiogerät „zur Probe" liefern, fortan hört er die klassischen Musiksendungen mit dem technisch höchsten Standard seiner Zeit, gelegentlich auch einige seiner Werke, noch in Mono, aber auf Ultrakurzwelle.

Die Einweihung des Funkhauses datiert auf den 20. Januar 1952, Wolfgang kann daran teilnehmen, und was niemand der Anwesenden ahnt: Es ist das erste Mal, dass er eines seiner Orchesterstücke live hören kann. Während der ganzen Aufführung ist er voller Spannung, ob seine inneren Klangvorstellungen, die er beim Komponieren hatte, wohl mit der Wirklichkeit übereinstimmen würden. Er wird nicht enttäuscht, NWDR-Generaldirektor Dr. Grimme würdigt ihn in seiner Rede ausdrücklich und mit hohen Worten. Wolfgang glaubt fest daran, dass er mit der Festmusik beim Rundfunk in ein günstiges Licht getreten sei.

Wie sieht sich Wolfgang Streiber selbst, inzwischen ein junger Mann von 18 Jahren? Musikalisch als Suchender, als Ringender; als junger Komponist, der auf der intensiven Suche nach der persönlichen Eigenheit seines künstlerischen Ausdrucks ist. Gültiges schaffen könne nur der, der ein *großes* Schicksal habe und lebe. Kaum hat er dies notiert, streicht er *großes* durch und schreibt stattdessen: *einsames* Schicksal.

Wolfgang Streiber fühlt sich trotz intensiver familiärer Pflege, die allerdings fehlendes gesellschaftlich-vielseitiges Kontaktaufnehmen nicht ersetzen kann, einsam. Er begreift dies als Leid, verstärkt durch die einsetzende Gewissheit, dass er seine schmerzhafte Liebe unterdrücken und bezwingen müsse. Es verdichtet sich eine Melancholie, aus der er schöpfen will:

Edles in der Kunst, der Menschheit zum Vorbild. Vielleicht eine Oper.

Im Radio macht Wolfgang erste Bekanntschaft mit der Oper. Aber auch in den 50er Jahren sind Übertragungen kompletter Bühnenwerke nur selten - und immer fehlen entscheidende Wahrnehmungsebenen: Das Visuelle, die Gerüche nach Schminke und altem Gestühl, die Gesamtatmosphäre. Das ändert sich, als Wolfgang die Gelegenheit bekommt, die Generalprobe zu Mozarts *Entführung aus dem Serail* zu erleben. Er ist dem Genre Oper augenblicklich verfallen.

Als Vorlage für eine erste eigene Oper dient ihm Gustav Adolf Müllers Erzählung *Die Priesterin der Astarot*, eine Geschichte, die, wie ihr Schöpfer auch, nicht in die Annalen der bleibenden Literatur eingehen wird. Aber als Opernstoff bietet die dämonische Gestalt der Astarot reizvolle Inspiration: Als durch und durch mannigfache Himmelsmacht verkörpert Astarot das Duale schlechthin: Leben und Tod, schön und hässlich, schwarz und weiß, männlich und weiblich zugleich.

In der Mythologie hält Astarot eine Schlange in der rechten Hand, reitet auf einem Drachen, steht vierzig Legionen des höllischen Heeres vor und herrscht über die Seelen der Toten, die am nächtlichen Firmament als funkelnde Sterne sichtbar sind.

Der Astarotmythos bei Gustav Adolf Müller konzentriert sich ausschließlich auf die biblische Darstellung, in der der Fokus noch auf der weiblichen Gottheit ruht. Danach war Astarte die Göttin der Liebe und der Fruchtbarkeit. Der biblische Salomo förderte auf Anraten seiner Priesterinnen den Astarte-Kult, die orgiastischen Riten erzürnten jedoch Gott, der daraufhin die weibliche Astarte in den männlichen Astarot verwandelte. So wurde aus einer Fruchtbarkeitsgöttin ein männlicher Dämon der Unterwelt, ein Mischwesen mit üblem Atem.

Wolfgang Streiber macht sich selbst an die schwierige Arbeit, das Textbuch zu erstellen. Nach einem Monat ist diese Arbeit getan, nun gilt es, die Komposition anzugehen. Ihm schwebt eine Oper vor, die es so noch nie gegeben hat: Ausgehend von der Musik an sich will er sich neuen Klangbildern zuwenden, einem Klang in schwebender Atmosphäre, polyphon und vielschichtig. Solisten, Ballett und Chor sollen sowohl auf der Bühne als auch im Orchestergraben agieren, ihre Bühnenhandlung soll immer nur Ausdruck der Gedanken und des Seelischen sein. Mit seinen avantgardistischen Plänen erweist er sich auf der Höhe der zeitgenössischen tonalen Moderne. Als er das *Vorspiel mit Sprecher* und *das erste Bild* vollendet hat, lässt er die nun schon dreimonatige Arbeit einem Experten zukommen. Dessen Name ist nicht überliefert, aber sein Urteil: Wolfgangs Oper sei *schrecklich,* keine Bühne der Welt werde *Derartiges* annehmen.

Auf dieses Urteil verlässt er sich, zutiefst deprimiert; weder Textbuch noch Komposition bleiben der Nachwelt erhalten.

Dass er diesen ersten Opernplan schon in einem so frühen Stadium aufgibt, muss verwundern. Schließlich fallen in diese Zeit erfolgreiche Aufführungen seiner sonstigen Werke, allen voran ein *Konzert für Flöte und Streichorchester*, mehrfach gespielt vom Orchester des Senders Hannover unter Willy Steiner mit dem Soloflötisten Rudolf Kirchner. Die Rezensenten der Zeitungen meinen darin den Geist Hindemiths zu spüren, und dem niedersächsischen Kultusministerium ist es die beachtliche Fördersumme von fünfhundert Mark wert. Es gehört zugleich zu den Werken, die nach Streibers Tod auch auf einer Schallplatte erscheinen.

Wolfgang Streiber fühlt sich trotz aller künstlerischen Fortschritte immer verzweifelter. Er kann und will nicht schlafen, wenn alle schlafen, er wirft seiner Familie ein Missverhältnis zur Uhrzeit vor: Alle seien chronometrische Sklaven. Hinzu kommt ein allergisches Leiden, Heuschnupfen in seiner schärfsten

Ausprägung, gegen den ihm seine Mutter Mentholstifte kauft. Die helfen zwar nicht, aber man kann sie sich in die Nase stopfen und seine Späße damit treiben. Das erheitert Wolfgangs Familie nur kurzzeitig, zu anstrengend und intensiv ist die notwendige Pflege des Gelähmten rund um die Uhr. Mitten im Sommer erleidet seine Mutter vor Überanstrengung einen Nervenzusammenbruch, von dem sie sich nur zögernd wieder erholt.

Ihr Sohn verinnerlicht immer mehr. In Wachträumen philosophiert er über das Unrecht auf der Welt, über sein eigenes Unheil, über Schmerz, Leid, Entsagung, Wehmut. Den Tieren, so schreibt er, hätten wir voraus, dass wir die Freude, die Lebensbejahung trotz allen Übels *suchen* könnten. Aber zu *finden* vermag sie Wolfgang Streiber nicht. Er versinkt angesichts des letzten Kontaktes mit Rosemarie vor einigen Monaten in Gram und Lebensüberdruss.

Diese Gefühle sind es auch, die er in einem neuen *Streichquartett* ausdrücken will. Das Münchener Kammerorchester hat einen Komponistenwettbewerb um das beste Kammerorchesterstück ausgeschrieben, mit dem Quartett will sich Wolfgang beteiligen. Es ist schon zur guten Gewohnheit geworden, dass Kollegen des Vaters in regelmäßigen Abständen zu den Streibers nach Hause kommen, um dem Komponisten seine Werke vorzuspielen. So wird es auch beim Streichquartett gehandhabt. Doch die Musiker runzeln die Stirn und bewältigen nach mehreren Stunden gerade den ersten Satz. Wolfgang gibt zu, dass seine Musik inzwischen nur noch eigenen Klangvorstellungen genüge. Er referiert über Polyphonie in der Stimmführung bei klarer Form, sein Streichquartett sei expressiver Ausdruck und absolute Musik zugleich. In sein Tagebuch notiert er über diese Probe: *Es war nicht gerade ein Ohrenschmaus!* In den folgenden Wochen arbeitet er dieses Quartett um in eine *Sinfonie für Kammerorchester*, die er letztlich zum Wettbewerb einreicht.

Von 108 eingereichten Kompositionen erringt er den zweiten Platz, ein Erfolg, der ihn nur begrenzt aufmuntert; in seiner Sichtweise war er nicht der zweite Sieger, sondern derjenige, der den ersten Preis nicht erhielt.

In jenem Monat, den Heinrich Heine in seinem Wintermärchen den traurigen nennt, wenn die Tage trüber werden und der Wind das Laub von den Bäumen reißt, verabschiedet sich Wolfgang Streiber von der Kirche und ihrem Glauben an einen gütigen Gott. Nicht, dass er nicht versucht hätte, an Gott zu glauben. Gott glaubt nicht an ihn.

Und wenn es wirklich einen geben sollte, dann einen, der nicht nur gütig sei, sondern im gleichen Atemzug furchtbar und grausam.

Auch Christus könne die Menschen nicht von der Angst vor dem Tode erlösen, das, so meint er, gelinge den Individuen nur, wenn sie immer wieder diese Angst selbst durchmachten und den eigenen Tod vorab empfänden. Die alleinige Vorsehung über uns sei ein Gemisch von Gegensätzen: Milde und unerbittliche Härte.

Die einzige Macht, die er nun noch gelten lässt, ist die Kraft der Natur, ihre Wildheit und Zügellosigkeit, aber auch ihre Schönheit und Vollendung im Einzelnen. Die ahnt er noch inmitten der Nacht, unter der hoffnungsvollen Scheibe eines fahlen Mondes, über die er ein düsteres Gedicht schreibt:

Dunkelheit senkt sich über das weite Land.
Es liegt nun der Dämm'rung Hülle,
des nächtlichen Schweigens Einsamkeit
über des Lichtes täglicher Fülle;
und der Tag, das Licht scheint weit,
weit der Sonne Kraft zu sein.
Doch ein bleicher Schimmer,
des Mondes milder Glanz
schwebt zart durchdringend,
durchbrechendes Wollen jeder Hülle,
über dem Schatten der Erde.
Die Nacht - sein Licht der Hoffnung,
verschmelzend ganz der Stimmung Zauber
in ein hoffendes Warten,
fern von jedem düsteren Bangen -

hoffendes Warten auf den Anbruch
des werdenden Tages-
hoffendes Warten auf des Schicksals Lösung,
Lösung von ungewissen Zauberfäden ...

In der Nacht und in ihrer Abgeschiedenheit findet Wolfgang Streiber Trost, ohne die Finsternis als Verlassenheit und Leere zu begreifen, sondern als Ruhe und Stille, als Erlöserin von den Schmerzen des Tages. Es sind seine produktivsten Stunden, in denen er versucht, diese Gedanken in Musik zu übertragen, immer wieder unterbrochen von dichterischen Episoden. Eine, die er *Einsame Gedanken* nennt, beschreibt sein gesamtes künstlerisches Empfinden: Es dominieren Adjektive wie einsam, verlassen, starr, schweigsam.

Schweigsam liegen Feld und Wald
in stiller Ruh, von Einsamkeit ergriffen,
erfüllt von schmerzensvollem Ruf;
einsam die Natur, die Leben schuf,
und Leben schweigen lässt, Felsenriffen
gleich, deren Macht gebrochen ist und alt.
Und doch lebt selbst dieses Schweigen
der nimmer ruhenden Natur,
die immer schafft; und weichen
wird nie ihre Kraft, die Uhr
des Zeitlaufs ist ungebrochen, wie
ein Werk, dem der Meister das Leben verlieh.

Schweigsam liegt die weite Fläche,
Natur, Werk und Schöpfer, alles in allem
dem seligen Ruhen hingegeben.
Verklärung der Ruhe umwebt das Leben.
Mein Blick hängt starr am Rand
der Einsamkeit, des verlass'nen Wegereichs;
ein unsichtbares Band,
verknüpfend mich mit diesen Straßen,
fesselt mein Aug' ans Dunkle,
wie das Aug' des Wartens
auf ein menschlich Herz,
ein lieblich Angesicht.
Schweigsam liegen Feld und Wald
in stiller Ruh, von Einsamkeit ergriffen;
jedes Bild, unsäglich alt,
ruht es nicht schon in der Sterne Licht?

Licht bringt noch einmal technische Neuerungen in das streibersche Leben. Ein Magnetophon, erstanden von den spärlichen Honoraren seiner gespielten Stücke, ist das beste Tonbandgerät, das es Mitte der fünfziger Jahre zu kaufen gibt. Gleich einen Tag nach der Anlieferung wird es ausprobiert: Kurz vor Mitternacht sendet der NWDR über seine UKW-Frequenz Nord Wolfgangs *Orchestersuite Max und Moritz*. Großes Staunen in der Raabestraße: Vom Band klingt es exakt so, wie es zuvor im Radio gesendet wurde! Die Freude wird wenig später getrübt durch die unbedachten Schilderungen von Wolfgangs Eltern: Sie haben auf der Straße Rosemarie getroffen und erzählen ihrem Sohn, dass sie in Sichtweite, in der Kirche, als Gemeindehelferin arbeitet. Er lässt sich den Stich im Herzen nicht anmerken. Er war fest davon überzeugt, dass sie Hannover längst wieder verlassen habe.

Auch in den kommenden Monaten treffen die Eltern und die Schwester Rosemarie immer wieder, aber nun erzählen sie, dass sie den Eindruck hätten, dass sie versuche, ihnen auszuweichen. Woran könne das liegen? Ob er, Wolfgang, etwas damit zu tun habe? Aber er schweigt und vertraut nur seinem Tagebuch: *Es tut weh, mit seinem Schmerz allein zu sein, denn keiner von uns weiß, wie es in mir aussieht.*

Neue Pläne treiben ihn um: Ein Stück auf der Grundlage von Theodor Storms *Schimmelreiter*. Hier will er das Genre des Hörspiels mit einer selbstständigen, ausdrucksstarken Musik, die das dynamische Geschehen der Handlung trägt, zu einer neuen Einheit verbinden, in der Wirkung vergleichbar mit einem Melodram. Ähnlich einer Oper soll über der Musik jedoch kein Gesang, sondern gesprochenes Wort stehen. Der einzig mögliche Gesang soll von einem Chor ausgehen, der im Hintergrund der Handlung eine überirdisch visionäre Stellung einnimmt, vergleichbar den sphärischen Klängen des *Astarot*-Opernplanes. Wolfgang Streiber ist sich der Tatsache bewusst, dass er mit diesem Werk, dem er den Namen der Hauptfigur *Hauke Haien* gibt, die gängigen Genres sprengen würde; er nennt die neuartige Verbindung von Hörspiel und Funkoper *Musikdramatische Funkballade*, wohl ahnend, dass er damit das Innovationsvermögen von Funkverantwortlichen und Radiohörern überschätzt. Die Verwirklichung freier Formen des Funkfeatures wird er nicht mehr erleben. Nach sechs Monaten intensiver Arbeit lehnen die Funkverantwortlichen *Hauke Haien* ab. Wolfgang Streibers Kommentar besteht aus einem einzigen Wort: Scheiße.

Nichtsdestotrotz komponiert der inzwischen 22-jährige weitere, durchaus erfolgreiche Orchesterwerke, die in aller Regel auch vom Hörfunk produziert und gesendet werden.

Das Bild von Rosemarie, das er in seinem Inneren bewahrt, verfolgt Wolfgang Streiber in seinen Nacht- und Tagträumen. Kaum ein Tag vergeht, ohne dass er sein Träumen und Sehnen formuliert. Wohl hundertmal hat er daran gedacht, sich seinem Vater anzuvertrauen, aber immer zögert er im letzten Augenblick. Stattdessen presst er seine Empfindungen in Musik. Über seine *Sinfonie concertante für großes Streichorchester, Schlagwerk und Pauken* gesteht er, Wehmut, Sehnen und Herzensnot thematisiert zu haben. Aus dieser Komposition erhebe sich eine einzige schmerzliche Frage, die nach der letzten Lösung, nach dem Sinn aller Unvollkommenheit. Er vergleicht die Sinfonie mit einem emporgestreckten Arm, der nach Erfüllung des Lebens verlangt, nach der Erlösung von allem inneren Schmerz: Über einem reinen C-Dreiklang - als Ausdruck ungezügelter Naturvitalität - steht sinnbildlich, als Ausdruck des Scheiterns, eine ungelöste Septime.

Dieses Scheitern beschreibt allerdings nicht nur die zwischenmenschliche Dimension im Verhältnis zur verklärten Geliebten - sondern mehr und mehr auch das künstlerische Schaffen. Denn bei all den lokalen Erfolgen - der große Sprung auf die deutschlandweite, geschweige denn weltweite Bühne bleibt aus. Das macht sich auch in finanziellen Nöten bemerkbar. Fördermittel des Landes Niedersachsen sind, so hilfreich sie sich auch auswirken, nicht viel mehr als der berühmte Tropfen auf den heißen Stein. Die Sendegebühren seiner Werke summieren sich auch nicht zu maßgeblicher Größenordnung, so erhält er für die Ursendung seiner Suite *Max und Moritz* nach einigen Monaten des Wartens die Summe von 42,26 Mark.

Aus dieser materiellen Bedrängnis heraus resultiert auch der relativ späte Kauf eines Schwarz-Weiß-Fernsehers. Zu einem Teil verwendet die Familie dafür das Honorar aus der Festmusik zur Eröffnung des Funkhauses Hannover. Wolfgang interessiert sich überwiegend für Musiksendungen und Sportübertragungen, insbesondere für Eishockey und Springreiten. Politik gehört offensichtlich nicht zu seinen Interessengebieten, es gibt von ihm keine einzige hinterlassene Äußerung zu den bewegenden Ereignissen seiner Zeit; weder die Teilung Deutschlands in zwei Staaten noch Stalins Vorschlag von 1952, die Bundesrepublik und die DDR zu neutralisieren und wiederzuvereinigen, schlagen sich in seinen Tagebüchern nieder. Möglicherweise hat Wolfgang Streiber mit seinem Vater bei einem Bier, das er nicht verachtete, auch über politische Ereignisse debattiert. Aber den 17. Juni 1953, an dem die Berichte von aufständischen Ostberliner Bauarbeitern um die Welt gehen, verbringt er über dem Notenpapier; und als am 4. Juli des Folgejahres Deutschland gegen Ungarn das Fußball-WM-Finale gewinnt und zum ersten Mal Weltmeister wird, sitzt er über dem Liederzyklus *Meiner Mutter*, der zwei Tage später auf Band aufgenommen werden soll.

Eindrücke von der Welt außerhalb der elterlichen Wohnung sind rar - gelegentlich ein Spaziergang im Rollstuhl, und einmal ein Urlaub im Harz. In der kurzen Zeit in Altenau saugt sich Wolfgang voll mit Naturimpressionen -

wegen der unwegsamen Wanderpfade müssen weitergehende Ausflüge unterbleiben, aber von seinem geöffneten Fenster aus nimmt er die nächtlich schattenhaften Tannen im aufsteigenden Nebel mit allen Sinnen in sich auf. Eine große Ruhe durchströmt sein Inneres, und er kann sich mit allen Fasern seines Empfindens vorstellen, wie herrlich es sein müsste, dies alles gemeinsam mit Rosemarie erleben zu können. In seinem Geist hört er Musik, dunkel und schwermütig, auch auf dem einzigen längeren Ausflug, der sie zu einem Aussichtspunkt führt, von dem aus man die umliegenden Dörfer in den Tälern erahnen kann. Von fern tönen einzelne Kuhglocken, und alles atmet einen großen Frieden. Wolfgang Streiber sieht förmlich das Weben der Elemente, die traumhaften Fäden, die auch um ihn das Netz des Vergessens spinnen. Dann geht es zurück in die Ebene, nach Hannover.

Dort, so hat er beschlossen, will er einen letzten Versuch wagen, sich seiner Geliebten zu nähern. Rosemarie verfolgt ihn in romantischen Wahnvorstellungen, der geringste Anlass dient als Auslöser, sei es, dass auf der Straße vor seinem Fenster ein Liebespaar flaniert, sei es eine Melodie, die ihn an sie erinnert. Er schreibt dem Pastor einen Brief, der in der gleichen Kirche seinen Dienst tut wie Rosemarie. Er, so denkt Wolfgang, könnte ein Bote sein.

Als der Pastor tags darauf bei Wolfgang erscheint, handeln sie zunächst allgemeine Fragen ab; nach dem Schicksal des Menschen, nach einer höheren Macht, nach dem Warum des Leids, das immer mehr Leid nach sich zieht, und dann spricht er zum ersten Mal gegenüber einem anderen Menschen von seinem persönlichen Leid, von seiner unerfüllten Liebe zu Rosemarie. Doch auch Rosemarie, so erklärt er Wolfgang, habe ihm schon gelegentlich von ihrer früheren Freundschaft zu ihm erzählt. Zwar habe sie ihm nicht enthüllt, warum sie sich fremd wurden, warum sich ihre Lebenswege trennten, doch eine Vermutung äußerst der Pastor, ein Psychologe vor dem Herrn, indem er von diversen Männerbekanntschaften Rosemaries berichtet. Dennoch will er gern mit ihr reden und auch einen Brief von Wolfgang überbringen.

Dann erscheint sie, nach mehrjähriger Pause. In Wolfgang herrscht ein Aufruhr der Gefühle. Kaum ist sie eingetreten, klingelt es erneut, und der Solocellist des Opernhaus-Orchesters, Willy Maul, tritt ein, um mit Wolfgang die Skizzen zum großen Cellokonzert zu besprechen. Rosemarie geht, kommt nach sechs Tagen wieder, aber nur um ihm mitzuteilen, dass ihre Beziehung, die nie eine wirkliche Beziehung war, keine Zukunft haben werde. Wolfgang ist dem Wahnsinn nahe. Jetzt, denkt er, gilt nur noch eines: die begonnenen Pläne zu Ende bringen und noch einen großen Wurf versuchen.

Nachdem er mit dem *Astarot*-Stoff und dem *Schimmelreiter* zweifach gescheitert ist, will er sich ein letztes Mal an einer Oper versuchen. Diesmal wagt er sich an ein Drama von Gerhart Hauptmann: *Michael Kramer*. Wolfgang Streiber sieht in dieser Figur deutliche Parallelen zu seinem eigenen Dasein: Ein zerbrechender Künstler und Mensch, dessen letzte Kraft sich in der ewigen Frage nach dem Sinn von Leben und Göttlichkeit verschleißt.

Ausgangspunkt für diesen Plan, an dessen Verwirklichung er noch zwei volle Jahre arbeiten wird, ist eine gekürzte Fernsehübertragung des Stücks, die ihn bereits tief beeindruckt; nachdem er den Text gelesen hat, ist er sich sicher, vor dem Größten zu stehen, was er sich je vorgenommen hat.

Er berät sich mit seinem Vater, der ihm längst eine unersetzliche Hilfe geworden ist, indem er seine Noten ins Reine schreibt, Verhandlungen führt und Aufführungen organisiert. Doch der rät, auch angesichts zweier missglückter Versuche, ab. In Wirklichkeit wisse er doch gar nicht, was man alles für eine Oper benötige. Und wer solle die aufführen! Und dann die Zeit, die für eine höchstwahrscheinlich sinnlose Arbeit verschwendet werde. Das gehe doch nicht in ein paar Wochen!

Aber Wolfgang ist nicht von seinem Plan abzubringen. Er versteht das absolute Eintauchen in *Michael Kramer* auch als endgültige innere Loslösung von Rosemarie und vergleicht seine Erinnerungen an das blond bezopfte Mädchen mit einer Melodie, die verlassen auf einem einsamen Ton endet, hervorgewachsen aus einer verschwommenen Dissonanz, wie eine Frage, sehnend, ausgestreckt, resigniert verklingend.

Er beginnt mit der Arbeit am Textbuch.

Erster Akt
(Wohnzimmer in der Wohnung Kramers.
Vormittags gegen neun Uhr. Frau Kramer
sitzt grübelnd auf einem Stuhl, den Kopf
schwer in beide Hände gestützt.)
1. Szene
(Michaline tritt ein)
OSTINATO (Duett)
Michaline: Arnold soll um Punkt elf Uhr
bei Vater im Atelier sein.
(Frau Kramer erhebt sich erregt, geht zum
Fenster und blickt hinaus.)
Das ist ja nichts Neues, Mutter, das kennen
wir doch. Arnold wird sich auch darin
nicht ändern.
Frau Kramer (wendet sich jäh um und geht
auf Michaline zu): Ihr versteht ja den
Jungen nicht! Ihr versteht ihn nicht!

Und Vater: der richtet ihn noch zugrunde.
Michaline: Da bist du doch bitter ungerecht.
Frau Kramer: Als Fünfzehnjährigen
schlug er ihn noch!
Michaline: Dass Vater hart sein kann,
dass er sich manchmal hat hinreißen lassen,
beschönige und entschuldige ich nicht.
Doch denke einmal daran,
ob Arnold auch Vater Anlass gegeben.
Frau Kramer: Aus Angst! Aus Seelenangst!
Michaline: Wenn Arnold anders wäre,
wie dankbar würde Vater sein.
Frau Kramer: Der Junge ist elend, er ist nicht
gesund, er steckt in keiner gesunden Haut.
Michaline: Damit muss er sich abfinden.
Sich Abfinden ist Menschenlos.
Sich Halten und zu was Höherem
Durchwinden, das hat jeder gemusst.
Frau Kramer: Ach, ihr versteht ja den
Jungen nicht!

Während Wolfgang Streiber über dem Textbuch brütet, führt das Orchester des Opernhauses in seinem sechsten Sinfoniekonzert des Jahres 1956 sein *Konzert für Orchester* auf, das er auch für einen Musikwettbewerb in Recklinghausen eingereicht hat. Wolfgang ist sowohl bei den Proben als auch bei der Uraufführung anwesend. Von den Proben berichtet er verzweifelt, er vermisse die überlegene und sichere Führung durch den Dirigenten. Das Uraufführungskonzert empfindet er als wesentlich gelungener. Doch der Beifall ist *jämmerlich*. Das Presseecho fällt gespalten aus. Ein Trost: Der bekannte Dirigent Wolfgang Sawallisch hat sich das Material zur Einsichtnahme bestellt.

Monate später wird das *Konzert für Orchester* in einem Konzert der jungen Generation in Recklinghausen aufgeführt, gern wäre er dabei gewesen, aber es ergibt sich keine Transportmöglichkeit. Wie er erwartet hat, bekommt er den ersten Preis nicht. Vater Streiber, der an seiner Stelle gefahren ist, berichtet von großem Unverständnis für die Entscheidung über die Preisvergabe. Ein Mitbewerber äußert sich in einem Brief an Wolfgang ähnlich: Es sei da wohl nicht ganz redlich zugegangen.

Wie fern jeglicher Realität Wolfgang inzwischen denkt und fühlt, zeigt auch ein neuerliches Verliebtsein. Später werden viele Ansagerinnen im Fernsehen von wäschekörbeweiser Post von Verehrern berichten, womit auch Wolfgangs Briefe gemeint sein werden. Dagmar heißt die angebetete Ansagerin des Senders Stuttgart, deren liebreizendes Wesen, deren entzückende Art durch die Gedankenwelt Wolfgangs geistert.

Ihr Name klingt ihm süß und verheißungsvoll, aus einem Wachtraum heraus verewigt er ihn in einem aus tiefstem Herzen kommenden Streichersatz. In dem Adagio leitet sich aus ihrem Kosenamen *Daga* die aufsteigende Melodie ab: D-A-G-A, so schmachten die ersten Violinen, später aufgegriffen von allen Streichinstrumenten und vom dunklen, männlichen Cello wird die Reihe in absteigenden Tönen beantwortet: G-C-Dis-C. Der Wahn verstärkt sich, als er mit der Post eine signierte Autogrammkarte der Verehrten erhält.

Sein größter Wunsch ist zunächst eine ehrliche Freundschaft zu der Fernsehschönheit, einige Tage später spricht er nur noch von heißer Liebe. Auch bei Fahrten durch die Heide in einem neuen, beigefarbenen DKW 3=6, den sich die Familie endlich leisten kann, gehen die Gedanken fast ausschließlich zu Daga, immer will er sie sehen, empfindet tiefes, seelisches Hingezogensein und streicht ihr in Gedanken über das Haar. Er vertont für sie allein *Kein Feuer keine Kohle kann brennen so heiß, als heimliche Liebe von der niemand nichts weiß* neu, schickt es ihr und erhält noch einmal eine freundliche, aber bestimmte Antwort: Sie danke sehr, sei aber ernsthaft verlobt.

Dagmars Bild schaut, auf dem Schreibtisch stehend, Wolfgang bei seiner Opernarbeit zu. *Michael Kramer* ist bis zum vierten Akt gediehen, eine nachdenkliche, dumpfe, verzweifelte Szene. Arnold hat sich das Leben genommen, sein leidenschaftliches Liebessehnen und das chaotische Scheitern seines künstlerischen Lebens klingen in die Seele des in Gedanken versunkenen Vaters hinein. In manchen Dingen fühlt sich Wolfgang Streiber dem gescheiterten Arnold Kramer so verwandt, dass er ihm viele seiner eigenen Empfindungen mitgibt, insbesondere denkt er an verfehlte Liebe und unerfülltes Künstlertum.

5. Akt
5. Szene
CHACONNE (Arie)
Kramer: Wenn erste das Große ins Leben tritt,
ist alles Kleine bedeutungslos.
Das Kleine trennt, das Große eint.
Der Tod ist das Große, der Tod und die Liebe.
Was geht mich die Welt an!
Gott ist mir alles. Der Pastor nichts.
Lieblingswünsche hab' ich zu Grabe gebracht.
Stille, Stille für mich.
Jetzt liegt alles da, wie hingemäht.
Chor: Der Tod ist das Große,
der Tod und die Liebe.
Kramer: Der Tod weist ins Erhabene hinaus.
Da wird man niedergebeugt.
Doch was sich herbeilässt, uns niederzubeugen,
ist herrlich und ungeheuer zugleich.
Chor: Der Tod weist ins Erhabene hinaus.
Kramer: Das drängt sich zur Einheit überall.

Und über uns liegt doch der Fluch der Zerstreuung. Wir wollen uns nichts entgleiten lassen, und alles entgleitet doch, wie es kommt.

Wolfgang Streiber komponiert nach der Fertigstellung von *Michael Kramer* noch einige Konzerte, darunter ein *Klavierkonzert,* ein *Cellokonzert,* Variationen über *Es ist ein Ros' entsprungen* und die *Jugendmusik Capriccio.* Innerlich aber hat er längst mit allen Hoffnungen abgeschlossen.

In sein Tagebuch schreibt er: *Ist mein Leben verworfen von Anbeginn?*

Er erkrankt an einer Lungenentzündung. Die Ärzte versuchen ihr Möglichstes, haben aber den Eindruck, der Patient *wolle* nicht gesund werden. Nach zwei Wochen, er ist gerade vierundzwanzig Jahre alt, stirbt Wolfgang Streiber und erlebt die Uraufführung seines großen *Cellokonzertes* nicht mehr. Die meisten seiner Kompositionen sind verschollen.

Anhang

Wolfgang Streiber: Tagebuchauszüge

25. November 1947
Meinen lieben Eltern Alfred und Luise Streiber aus Dankbarkeit. Hannover, Weihnachten 1947. Ein König ist reich, stolz und glücklich. Er wird von seinem Volk geliebt und geehrt. An meinem 13. Geburtstag fühlte ich mich als König, und das kam so: An diesem Tag sollte ein Konzert stattfinden, in dem nur meine Kompositionen gespielt werden sollten. Als ich dann später im Bett lag, ließ ich den schönen Tag noch einmal an mir vorüberziehen. Ich hatte solch einen Tag bisher noch nicht erlebt, und ich werde ihn deshalb nie vergessen. Ich war meinen Eltern so dankbar, dass ich einmal der König sein durfte.

29. Oktober 1949
Ich lernte Rosemarie heute, nach fast einem Jahr, persönlich kennen. Von diesem großen Eindruck auf mich habe ich jetzt nicht die Kraft zu erzählen. Ich habe Rosemarie gleich in dieser kurzen Zeit (sie war kaum 24 Stunden bei uns) so liebgewonnen, dass der Abschied mir nicht leicht wurde.

26. März 1950
Ein neues Kapitel in meinem Lebensbuch schlage ich auf - die Jahre der unbeschwerten Kindheit versinken im Dunkel der Vergangenheit, aber so manches im Glanz der Erinnerungen. Konfirmation. Dieses eine Wort bringt die Wendung, die Entscheidung der Selbstverantwortung im menschlichen Leben. Welches Gefühl überkommt einen schon bei dem Betreten der Kirche, und dann erst bei der Einsegnung! Die Orgel spielt, die Gemeinde singt, der Pastor redet von Gott und seinen Wundern, von seiner Allmacht und von seiner Liebe und Güte zu den Menschen - ein heiliges, frommes und religiöses Gefühl überkommt den Menschen. Ich bin konfirmiert.

29. März 1950
Manchmal frage ich mich: Warum muss ich so ein schweres Schicksal erdulden? Warum ist mir die Gesundheit versagt? Warum? - Kein Mensch wird mir darauf Antwort geben können, kein Mensch! Aber meine Musik ist mir Trösterin, in ihr kann ich mein Leid ausdrücken, ihr kann ich's klagen.

14. Mai 1950
Ich sitze an meinem Tisch und komponiere an der neuen „Suite für Streichorchester". Gerade habe ich die „Humoreske" beim Wickel. Ein gelber Schmetterling fliegt an meinem Fenster vorbei.

Dieses Flattern des Schmetterlings, der dann lautlos meinen Blicken entschwindet, banne ich gerade aufs Papier. Seltsam, ein Zufall. Durch die Streicher geht abwechselnd die Achtelfigur des Hauptthemas, bis sie sich in der Tiefe verliert.

08. November 1951
Dieser Tag war einer der schönsten und glücklichsten meines Lebens, einer meiner tiefsten seelischen Empfindungen. Rosi kam am heutigen Morgen ganz plötzlich zu uns, und ich erfuhr, dass ihr Herz nicht kalt ist. Wir waren allein mit uns und unseren sprechenden Herzen, und ich weiß, dass meine Liebe zu diesem Mädchen, trotz aller irdischen Hindernisse, nie wanken wird. Wahre Liebe vermag alle Steine des irdischen Weges zu überwinden.

27. November 1951
Ein Licht erlischt, und seine Flamme, die die Dunkelheit erhellt hatte, geht in Rauch auf; doch es gibt eine innere Flamme, die lange glüht: Das ist der Trost - und die Hoffnung auf ein höheres Wesen, als es der Mensch ist.

04. Oktober 1953
Durch meine unglückliche Liebe bin ich erst wieder richtig zu mir selbst gekommen. Leider im negativen Sinne. Denn ich habe spüren müssen, wie hart mein Schicksal eigentlich ist. Ich habe erfah-

ren, dass das Tor zur Welt für Menschen wie mich immer verschlossen sein wird. Und da hilft alles Rütteln und Pochen nichts. Auflehnen gegen das Erdengesetz - es ist allzu natürlich, allzu menschlich. Warum sprach sie sich nicht mit mir ganz klar darüber aus, über ihre wahren Gründe, warum kein menschlich warmherziger Abschied, ein liebes Wort, das so viel vermag? Jeder ist im Grunde genommen allein. Wer nicht selbst hart ist, ist verloren. Es ist sehr schwer, aber: Jeder muss sich mit den Tatsachen abfinden. Das harte Leben erlaubt nur wenige durchsonnte Stunden, oder es bleibt nur noch der Sinnestaumel, der Lärm, und somit die Betäubung.

06. Oktober 1953

Ich habe immer alles verschlossen in mir allein herumgetragen, keinem Menschen habe ich ein Wort, eine Regung anvertraut - selbst meinen Nächsten nicht, meinen Eltern. Ich versuche, allein damit fertig zu werden. Soll es mir denn nicht gelingen? Ich weiß genau, dass eine Erfüllung meiner Liebe niemals sein wird, nicht sein kann, sie wird mir versagt sein und das Herz muss schweigen. Ich schreibe und sinne, und ich komme doch zu keinem Schluss. Meine Gedanken sind schwer und trübe. Vielleicht wächst einmal Gras darüber. Doch vergessen? Gibt es ein wirkliches Vergessen? Es wäre noch eine Hoffnung für mich.

07. Oktober 1953
Ich glaube, ich bin dazu verdammt, in einem dauernden Unfrieden zu leben. Der ewige Kampf, dieses ewige Ringen um die Gestaltung meiner Kompositionen, zermürbt mich langsam. Es will mir einfach nicht gelingen, wenigstens EINE Komposition zur Vollendung zu bringen, EIN gutes Stück zu schreiben. Ich bin nahe daran, aufzugeben; ich habe nicht mehr die nötige Kraft zum Ausharren, zum Weitermachen. Vielleicht bin ich doch nicht dazu geboren, Komponist zu sein. Ich fange an, an mir zu zweifeln, an mir und meinem Talent. Ich lebe in einer Krise, vielleicht kann sie überwunden werden. Alles ist trübe. Es ist eine bittere Zeit, wenn mein freudiger Mut, den ich sonst besitze, gesunken ist. Noch dazu, wenn er an meiner Musik zerbricht, die mich sonst immer seelisch erhoben und zutiefst ausgeglichen hat. Ich lebe in seelischem Unfrieden, und das ist das bitterste Dasein, das ich mir vorstellen kann.

08. Oktober 1953
Freude und Schmerz wohnen in jedem menschlichen Herzen. Oft wiegt eines von beiden über, und meistens ist es Leid und Wehmut; nicht oft sind beide völlig ausgeglichen. So ist der Mensch eine Waage, und ist er schwach, so hebt und senkt sie das SCHICKSAL; ist er aber stark in seinem Grund, so vermag ER es allein, und dann zum

Guten, zum seelischen Ausgeglichensein. Jeder muss versuchen, stark zu sein, denn wir sind auf uns allein angewiesen. Es wird langsam Herbst, man spürt es immer deutlicher. Der Sturm braust ums Haus, die Luft ist klar und frisch. Wenn ich auf dem Balkon bin und die Luft einatme, sehe ich Wolken in seltsamen Gebilden rasch am abendlichen Himmel vorüberziehen. Ich starre ins Dunkel, von schweren Gedanken bewegt, und ich lausche dem Sturm. Auch mein Inneres bewegt ein Sturm, wie dieser die schlafende Stadt. Ich weiß, dass mein Sinn gezwungen ist, das Düstere hinzunehmen und das Dämonische, das das Leben in sich birgt. Der Dämon ist überall versteckt und lauert auf den Augenblick, plötzlich hervorzubrechen und das geängstigte Herz an sich zu reißen, um es dann zu zerreißen.

10. Oktober 1953

Über mein erstes Quartett habe ich einmal folgende Betrachtung geschrieben: Eine unendlich weite Fläche erstreckt sich bis zu entfernten Hügeln des Horizonts, eine Landschaft von tiefer, fast öder Verlassenheit. Tief hängen die Wolken, in denen sich das Licht der matten Sonne verfängt. Grau hängt der Tag über dem Land, wie die schweren Schatten der Seele. Es ist tiefe Einsamkeit. Nur manchmal durchbricht ein vereinzelter Sonnenstrahl das Gewebe der Wolken. Licht und Schatten in der Natur, Freude und

Leid im Menschen! Wie ein Gebet klingt sehnsüchtig eine ferne Melodie durch die Gegend - was besingt sie? Ihr Gesang geht jäh in Schluchzen über - ist es neue Einsamkeit?

11. November 1953
Die Welt ist ein Apfel, und die Menschheit ein Wurm, der ständig in ihm wühlt und frisst, dass dieser Apfel allmählich von Innen her verfaulen muss. Es sind Krieg, Hass, Krankheit und Not - und das treibt den Einzelnen zu Brutalität und grenzenlosem Egoismus.

01. Mai 1954
Das dritte Quartett: Dieses Stück ist viersätzig und ihm liegen, genau wie den anderen beiden Quartetten, meine Gedanken zugrunde: Der erste Satz drückt Leben, vitale Kraft und Frische, Unbekümmertsein und Schwerelosigkeit aus. Im zweiten Satz will ich eine warme, verhalten innige Stimmung ausdrücken, ein Herzenserlebnis, zart und tief. Dritter Satz: Freude, Glück eines seelischen Ereignisses, innere Ausgeglichenheit. Vierter Satz: Tiefe, schmerzliche Enttäuschung, bittere Anklage. Ich habe mein Werk erlebt.

18. August 1954
Ich glaube an eine Macht, die über der Gewalt der Natur steht, eine Macht, die ich Gott nenne. Doch ich glaube nicht an die Kirche. Es gibt kei-

nen Gott, der nur die Liebe verkörpert, sondern auch die Furchtbarkeit des Grausamen. Ich glaube auch nicht, dass Christus der Sohn Gottes ist; er war nur ein Mensch mit übernatürlichen Kräften zum Guten, zum Segen und zur Liebe für seine Mitmenschen. Und diesen Mitmenschen war er ausgeliefert und wurde von ihnen ans Kreuz geschlagen. Wo ist da die Liebe über der Menschheit? Auch die Brutalität waltet über uns.

21. Februar 1955
Auf den Dächern liegt Schnee, denn der Winter ist mit erneuter Schärfe zurückgekehrt. In der letzten Zeit bin ich wieder sehr unruhig, mir ist, als befinde ich mich in einem qualvollen Zustand des Wartens, der Hoffnung, die sich doch nie erfüllen wird. Wie lange mag es jetzt her sein, dass ich Rosi zum letzten Mal gesehen habe?

22. April 1955
Ich leide unsägliche seelische Qualen, Schmerzen, die das Herz bald zerdrücken wollen. Es fällt mir schwer, mich auf meine tägliche Arbeit zu konzentrieren, alles ist wie ohne Sinn, wie ein qualvolles Dahinleben von einem Tag zum nächsten. Dieses nagende, schreckliche Gefühl in all den Jahren, das nicht enden will. Es ist ein seltsames Empfinden, auf etwas zu warten, das niemals sein wird. Das Leben ist ein ewig unvollendet bleibendes Werk, ein Fragment.

06. Mai 1955
In mir und um mich herum ist es trübe und freudlos, es kommt mir vor, als wäre das ganze Leben ohne jeden Sinn. Wäre meine Musik und Aufgabe, die mir als Verpflichtung gegen Gott und Menschen daraus erwächst, nicht gegeben, so wäre das Gefühl des Sinnlosen meines Lebens vollständig. Doch auch hier fehlt mir der Impuls der Freude am Gestalten und Schaffen augenblicklich, es ist alles recht unklar und verworren. Vielleicht ist diese Stunde gut dazu, in der mich Melancholie und Schwermut bedrücken und mich so unlustig, ja unfähig zur Arbeit machen, sich über diese Dinge klar zu werden, Einkehr zu halten bei sich selbst. Ich glaube, dass ich mich in einer Krise befinde, künstlerisch und menschlich, die mich fast schwermütig macht. Draußen ist das Leben, und ich sitze hier und starre hinaus mit dem unsinnigen Verlangen, SIE zu sehen, mit dem Wunsch und der Hoffnung im Herzen, SIE möge doch draußen auf der Straße vorbeikommen.

13. August 1955
Während ich schreibe, hat sich das sonnige Wetter draußen vor meinem Fenster in eine schwüle Gewitterstimmung verwandelt. Die Wolken haben den ganzen Himmel überzogen, und ich werde ein wenig warten, bis ich wieder in der rechten Stimmung bin, weiterzuschreiben. Vielleicht

wird es ein Gewitter geben. Jetzt, am Mittag, läuten die Glocken unserer kleinen Kirche den kommenden Sonntag ein, und unwillkürlich denke ich dabei an meine liebste Rosemarie, die in dieser Kirche ihren Lebenssinn und Wirkungskreis gefunden hat, das Wirken für die Religion, für Gott, einen Gott, der mir ein so schweres Leben geschenkt hat, den Gott, den ich so viele Male darum gebeten habe, mir die Liebste einmal nur wieder vor Augen zu führen, einen Gott, der meine stummen Gebete nicht erhört. Das Gewitter ist niedergegangen, der Himmel hat sich vollständig überzogen, so dass es ziemlich dunkel geworden ist; das erste Niederrauschen des Regens ist einem sanften, gleichmäßigen Gleiten gewichen. Von fern donnert es immer noch, die Entladung der Naturkräfte scheint noch nicht zu Ende zu sein. Ich habe die Türen zu meinem Zimmer zumachen lassen, um Ruhe zu haben und völlig allein zu sein. Ist dieser Wunsch wirklich so vorherrschend in meiner Empfindung? Habe ich den seelischen Gleichklang, wie er nur uns Menschen gegeben ist, verloren? Verloren vom Urbeginn meines Seins an? Und warum?

14. August 1955
Es ist Sonntag. Traurig ist es in mir, wie es nur sein kann. Ich bin allein. Diese Ketten. Diese verfluchten Ketten. Gibt es gar keine Lösung? Wieder ist der Abend hereingebrochen; man

spürt schon sehr, wie der Sommer zu Ende geht, das nächtliche Dunkel breitet sich früh über die Natur und die Menschen. Das Weben der Elemente spinnt seine traumhaften Fäden um den Lauschenden, spinnt um ihn das Netz des Vergessens ...

17. November 1955
Was wäre der Schaffende ohne Pläne! Wieder einmal ist es soweit, dass ich mich an eine Oper heranmache. Ich habe mir Hauptmanns „Michael Kramer" zum Vorwurf genommen, das Drama von dem zerbrechenden Künstler und Menschen, dessen letzte Kraft und Sammlung in der ewigen Frage nach dem Sinn von Leben und Göttlichkeit endet. Es ist für mich eine große Verantwortung vor diesem Werk, dessen Größe und Verwirklichung mir vorschwebt. Eine große Aufgabe, größer als alles, was ich je verwirklichen wollte.

27. Dezember 1955
Im Augenblick ist es so, als ob das Leben eine einzige Höhle wäre. Ich bin zeitweilig von einer Gleichgültigkeit, ja geradezu von einem Hass gegenüber der Menschheit gestimmt, was nur einem Gefühl entspringen kann: Dem Gefühl des Ausgestoßenseins.

18. August 1956
Mitten in meine Arbeit hinein, an den vom Tode

bestimmten Szenen meines „Kramer", erreichte uns die Nachricht vom Ableben meiner Großmutter, für die es eine Erlösung von schweren Leiden war. Und doch, die Mitteilung des Todes, noch dazu in der eigenen Familie, hat etwas Seltsames, Bedrückendes. Es ist eine Mahnung an das Fortschreiten der Zeit, an das Sichaneinanderreihen der Toten wie eine unaufhörliche Kette. Es ist auch eine Mahnung an mich.

15. November 1956
Was mein ganzes Inneres ersehnt: Ruhe und Frieden im Großen. Ja, es ist soweit mit mir geworden, ich suche den Frieden in der Ordnung der über der Natur stehenden Macht, bei dem Gott, den es gibt, den es geben muss, wenn wir nicht zerbrechen sollen. Es ist der Gott, den die Kirche nicht kennt oder nicht kennen will, denn es ist nicht der Gott, den die Kirche verherrlicht in ihrer illusionären Verblendung, den ich um Frieden bitte. Es ist die Allgewalt, in ihrer finstersten und mildesten Bedeutung, die mir den Frieden nicht gibt.

14. Februar 1957
Schluss! Endlich Schluss mit all der albernen Vergangenheit! Was ich brauche, sind Ruhe und Ausgeglichenheit, die ich nicht der Gemeinheit opfern werde. Begreife endlich, entsagen zu lernen und hoffe nicht weiter, NIE mehr auf das Herz einer Frau!

12. August 1957
Gestern habe ich den Füllfederhalter aus der Hand gelegt, um für einige Zeit nichts mehr zu tun. Ich muss einmal ausruhen. Hände und Augen wollen nicht mehr recht.

02. Juni 1958
Ich habe viele Noten zusammengeschrieben. Augenblicklich habe ich genug davon.

Werkeverzeichnis Wolfgang Streiber

Kammermusik

Triosonate C-Dur f. Fl., Vi., Vc. op. 1 (1947)
Streichquartett F-Dur op. 2 (1947)
Frühlingssonate C-Dur f. Vi., Va., Vc. Op. 4 (1947)
Fantasie für Flöte und Klavier op. 6 (1947)
Streichquartett (1948)
Oboenquintett (1949)
Streichquartett (1950)
Cello-Sonate (1950)
Variationen und Fuge in Quartettform (1950)
Trio für Fl., Vi., Va. (1950)
Sextett für Fl., Horn, Vi., Va., Kb., Klavier (1950)
Kammermusik zur Weihnacht (1950)
Quintett für Fl., Fag., Vi., Va., Kb. (1951)
Quartett für vier Hörner (1951)
Streichquartett (1951)
Zwei Stücke für Cello und Klavier (1951)
Oktett (1952)
Quintett für Fl., Vi., Va., Vc., Kb. (1952)
Quintett für Bläser (1952)
Septett für Fl., Ob., Fag., Vi., Va., Vc., Kb. (1954)
Spielstücke für drei Geigen (1954)
Streichquartett (1954)
Suite für sechs Bläser (1954)
Streichquintett (1956)
Musik zur Weihnacht für 2 Vi., Va., Vc., Kb. (1957)

Klavierwerke

Klaviersonate F-Dur op. 5(1947)
Klavierstück Nr. 1 (1948)
Kleines Klavierstück zum Geburtstag v. Rosemarie (1950)
Humoreske (1950)
Dreistimmige Klavierstücke (1950)
Passacaglia und Fuge (1950)
Konzertante Suite im alten Stil (1951)
Suite für Klavier (1956)
Choralstücke für Orgel (1951)

Sologesänge

Kein Hälmlein (Baumgartner) (1950)
An die Entfernte (Lenau) (1950)
Schilflied (Lenau) (1950)
Abendlied (Lenau) (1950)
Loreley (Eichendorff) (1950)
Stiller Gang (Dehmel) (1950)
Sommernacht (Liliencron) (1950)
Gesang des Eremiten für Alt, Vi., Klavier (1950)
Jetzt rede du (1950)
Gesang für Bariton, Fl., Vi., Va., und Kb. (1950)
Liederbüchlein für Rosemarie (1950)
Sonnenuntergang (Hölderlin) für Alt, Fl., Vi., Va. (1951)
Lethe, sinf. Gesang für Bassbariton, Chor u. Orch. (1952)
Zyklus „Meiner Mutter" (1953)
Drei Gesänge f. Ges. u. Kammerorch. (Weinheber) (1954)
Zyklus „Liebeslieder" für Bariton und Klavier (1955)
Kein Feuer, keine Kohle (1956)
Lieder der Stille für Alt und Klavier (1957)
Kammermusik (Weinheber) für Bariton u. Klavier (1957)

Chorkompositionen

Chorlied (1950)
Drei Lieder für Männerchor und Klavier (1950)
Liederzyklus für dreistimmigen Frauenchor nach alten Volksliedtexten (Kranz der Jahreszeiten) (1952)
Kammermusik nach Goethes Balladen für drei Frauenstimmen und Streichquartett (1952)

Orchesterwerke

Konzert (Nr. 1) für Streichorch. in Quintettform (1948)
Konzert (Nr. 2) für Kammerorchester a-Moll (1949)
Suite für Streichorchester (1950)
Sinfonie für kleines Orchester (1951)
Konzertante Suite für Streichorchester (1951)
Kleine Suite im alten Stil für Streichorchester (1951)
Konzert für großes Orchester (1951)
Ballettsuite für Orchester (1951)

Festmusik zur Einweihung des neuen Rundfunkgebäudes Hannover (1952)
Max und Moritz - Suite für Orchester (1952)
Konzert für Flöte und Streichorchester (1952)
Konzert für Flöte und Orchester (Neufassung) (1952)
Capriccio für Orchester (1953)
Sinfonie für Streicher (1953)
Sinfonie concertante für großes Streichorchester, Schlagwerk und Pauken (1955)
Konzert für Orchester (1956)
Cellokonzert (1958)
Klavierkonzert (1958)
Orchesterstücke aus der Oper „Michael Kramer“ (1958)

Dramatische Werke

Opernfragment „Die Priesterin der Astarot“ (G. A. Müller) vernichtet (1953)
Musikdramatisches Funkspiel „Hauke Haien“ nach der Novelle „Der Schimmelreiter“ (Theodor Storm) unvollendet (1954)
Oper „Michael Kramer“ (Gerhart Hauptmann) (1957/58)

Abkürzungen:

Fl.	Flöte
Ob.	Oboe
Fag.	Fagott
Vi.	Violine
Va.	Viola
Vc.	Violoncello
Kb.	Kontrabass
Klav.	Klavier
Orch.	Orchester

Wolfgang Streiber auf LP

IN MEMORIAM WOLFGANG STREIBER

OCTAVA
OCT 8009

FLÖTENKONZERT

SEPTETT

ORCHESTERSUITE

OCTAVIA OCT 8009 / LC 08957

MONO-Aufnahmen des NDR Hannover:

~ *Konzert für Flöte und Orchester (Aufn. 31.05.1955)*
~ *Septett für Flöte, Oboe, Fagott, Violine, Viola, Violoncello und Kontrabass (Aufn. 02.12.1954)*
~ *Drei Sätze a. d. Suite „Max u. Moritz" (Aufn. 31.10.1953)*

Bestellung und Auslieferung:
OCTAVIA
Dinkelbergstraße 16
79540 Lörrach

Schroeder, Frank
Die Eisumschlungene -
Spurensuche in Island

Island 1908. Eine Expedition sucht nach zwei deutschen Wissenschaftlern, die in der unerforschten Vulkangegend des Askja-Kraters verschwanden. Mit dabei ist Ina von Grumbkow, die Verlobte eines der Verschollenen. **Island 1994.** Frank Schroeder begibt sich auf die Spurensuche, um das Geheimnis um die beiden Männer zu lüften. War es ein Unglücksfall? Oder war es Mord? Ina von Grumbkows Tagebücher begleiten den Autor auf seiner abenteuerlichen Reise ins Innere Islands, ebenso isländische Märchen, Mythen und Gedichte.

160 S., 38 Farbfotos,
Format 22x24 cm; Leinen,
geb. mit Schutzumschlag,
ISBN 3-980 164 8-3-7,

Sonderpreis € 12,30

Pressestimmen:

"Prädikat: außerordentlich wertvoll."

Sagaland-Rezension

"Nicht nur das spannende Portrait einer faszinierenden Frau, sondern auch eine empfindsame Einführung in die rauhe Schönheit Islands."

Nürnberger Nachrichten

"Ein spannendes, Fernweh weckendes Lesevergnügen." *Münchener Merkur"*

„Ein seltener Fall: Reisebuch und Krimi in einem."

Märkische Allgemeine

"Das Spannende ist die Verbindung von Schicksalen der Menschen mit Mythen und Legenden einer Landschaft. Gedichte, Märchen und Geschichten sind eingearbeitet." *Neue Saale-Zeitung*

Bestellung und Auslieferung:

In jeder Buchhandlung
oder direkt bei:

Komplettservice für Druckerzeugnisse
Rübländerstraße 12
13125 Berlin
Fax: 030 - 926 82 36
e-Mail: Druckservice.Schroeder@t-online.de

Frank Schroeder im LundiPress Verlag

126 Seiten,
Format 13,5 x 21,5 cm,
engl. Broschur
ISBN 3-980 164 8-6-1,
€ 13,30

Schroeder, Frank (Hrsg:)
Die Seele folgt dem fliehenden Tag -
Romantische Lyrik aus Island

Fast 100 Jahre lang waren diese isländischen romantischen Gedichte in Deutschland nicht mehr zugänglich. Einst erschienen sie verstreut in Anthologien oder in Sammlungen, die einzelnen Dichtern gewidmet waren. Diese Lyrik beschreibt nicht nur die grandiose Landschaft Islands, sondern hauptsächlich das Wiedererwachen des isländischen Nationalgefühls nach jahrhundertlanger dänischer Abhängigkeit. Mit einem Essay des Herausgebers.

Bestellung und Auslieferung:
In jeder Buchhandlung
oder direkt bei:
Komplettservice für Druckerzeugnisse
Rübländerstraße 12, 13125 Berlin
Fax: 030 - 926 82 36
e-Mail: Druckservice.Schroeder@t-online.de